DIE RUSSEN

Gesichter eines Landes

Lew Poliakow

DIE RUSSEN

Gesichter eines Landes

Mit einem Vorwort von Joseph Brodsky

Carl Hanser Verlag

Die Originalausgabe erschien 1991 unter dem Titel
»RUSSIA: A Portrait.«
bei Farrar Straus Giroux in New York

Printed in USA and Germany

LOB DER GRAUTÖNE

Früher änderten Länder sich langsam. Langsamer jedenfalls als die Menschen. Heute dagegen macht ein vor zwanzig Jahren aufgenommenes Foto oft eine Landschaft sichtbar, die es nicht mehr gibt, eine charakteristische Gestalt, die verändert wurde.

Von dieser Regel gibt es immer weniger Ausnahmen; selbst Rußland ist keine mehr. Im Gegenteil, Rußland – mit seinem Streben nach politischer, industrieller und jedweder sonstigen Modernität – ist sogar ein ganz typischer Fall. Das Auswechseln eines Pferdefuhrwerks gegen einen Lastwagen läßt ein Panorama, erst recht eine Straße, von einem Augenblick zum andern unwiderruflich altern. Dann geht es unaufhaltsam weiter mit den aufeinander folgenden Lastwagentypen und der Entwicklung ihrer Silhouette von eckig über abgerundet zur Stromlinienform. Mit jedem neuen Modell wird die Landschaft unkenntlicher. Alles Neue zwingt das Antlitz eines Landes – das, woran man es auf dem Bild erkennt –, sein wahres Alter preiszugeben. Und oft ist es gerade die Armut eines Landes, die es zwar nicht unbedingt jung macht, es aber zumindest gut altern läßt; und man zögert vor einem Foto, weil man sich unschlüssig ist, ob es sich um die Türkei oder um Venezuela handelt. In einem armen Land, das sich keine neue Technik leisten kann, haben alte Lastwagen ein zähes Leben.

Alles hinterläßt Spuren, die zu Falten erstarren. Rock'n'Roll-Töne aus einem Transistorradio, die weiße Spur eines Überschalljägers, die sich hoch oben über die unergründliche Weite zieht, Turnschuhe, die im Frühlingsschlamm einer Dorfstraße waten, erzählen einem, daß es das Land, das man einmal gekannt hat, nicht mehr gibt. Hätte der Fotograf sein Objektiv auf das heutige Rußland gerichtet, wäre wenigstens ein Drittel seiner Aufnahmen anders ausgefallen. Man muß kein Heraklit sein, um nicht zweimal in denselben Fluß steigen zu können, selbst wenn dieser Fluß bloß die Newa ist. Ein simpler Spiegel genügt; und es wäre schon eine Überraschung, noch immer einen Fluß dort vorzufinden.

Zwei Drittel würden unverändert bleiben. Was Sie in diesem Bildband sehen, ist genau das: die zwei Drittel, die vor nur einem Vierteljahrhundert alles waren. Mehr noch, den größten Teil dieses Jahrhunderts und auch schon einige Zeit davor waren sie alles, was diese Gegend ausmachte. Der Boden eines Landes und der Farbton seiner menschlichen Behausungen bestimmen seine optische Sprache. Darum ist das Schwarzweiß der Fotos Rußland so außerordentlich angemessen, überwiegt doch in diesem Reich fadenscheiniges Grau. Ein Maler, der hier eine Landschaft in lebhaften Farben malen würde, täte das um seines Berufes und nicht um der Wirklichkeit willen – es sei denn natürlich, er hätte beschlossen, sie herauszufordern. Ein Fotoapparat ist in diesen Landstrichen für die Wiedergabe der Realität sehr viel besser geeignet, so viel besser, daß es verwundert, daß er nicht dort erfunden wurde. Und außerdem ist er der größere Metaphysiker.

Denn Grau ist die Farbe der Zeit; und die Garderobe der Zeit kennt hier nur sehr wenige Veränderungen. Wasser ist grau; und grau ist endlose Monate lang der nordische Himmel. Grau sind die Jacken der Männer und Frauen, die Mäntel, Mützen, Stiefel, Hosen, Holzhäuser, der Widerschein auf den Gesichtern, Pflastersteine, Autoreifen, Zäune, Landstraßen im Frühling wie im Herbst, Milchkannen, Lokomotiven, Regentonnen, Schienen, Nägel, Gabeln, Messer, Brotlaibe, Zement, Putz, gekochtes Fleisch, Kartoffeln, Einkaufstaschen, die Erde, der Staub, die Baumstämme; oft sogar die Augen. Es ist ein weitgehend monochromes Land, in dem alles ganz unabsichtlich ineinander verfließt und der Geist ohne weiteres in einem gemeinsamen Nenner ertrinkt, dessen Natur so elementar wie politisch ist. Das offizielle Rot deckt das Gesamtspektrum ab, und ebenso frappierend für das Auge ist, daß sich die Zukunft eines Bauern als Häftling vorhersehen läßt. Und dann regnet es.

Ein Fotoobjektiv kann in dieser Gegend regelrecht auf Safari gehen. Allerdings wäre es ein schwerer Fehler, hier einen Farbfilm mitzunehmen. Was dabei herauskäme, wäre wie ein kolorierter Tonfilm oder wie das Haarteil eines Glatzköpfigen: grell und künstlich. Der Wert der hier versammelten Fotos liegt darin, daß sie der Vor-Kodakzeit angehören und zugleich der Nach-Kodakzeit, denn das Land ist viel zu alt und widerspenstig, als daß es auf die Schmeicheleien der Chemie hereinfiele. Andererseits hatte der Fotograf natürlich gar keine Wahl. Vor einem Vierteljahrhundert war er selber Teil der Landschaft, die er abbildete, und das Material, das er zur Verfügung hatte, wurde im ebenso grauen Fortsatz dieses Landes hergestellt: bei Agfa in der DDR.

Das Ergebnis ist weniger historisch als existentiell. Man blättert in diesen Seiten und fühlt sich beklommen, beinahe verlegen – so wie es einem geht, wenn man die Briefe Verstorbener liest. Oder man fühlt sich an jene schäbig gerahmten, verblichenen, von Fliegendreck gesprenkelten Collagen aus Familienbildern erinnert, wie man sie auf dem Dorf oder in der Stadt in Fabrikarbeiterwohnungen sieht, mit all den erstarrten Mamis und Papis, den vorquellenden Augen des Bruders in seiner Soldaten- oder Marineuniform, in der er sicher auch gestorben ist, mit den Babys, Hochzeiten, Klassenkameraden, Erinnerungen an den Besuch der Hauptstadt. Zwei Drittel der Abgebildeten sind entweder unter der Erde oder haben sich völlig verändert; aber hier ist sie, die Vergangenheit.

Bilder helfen dem Gedächtnis nach. Am Fahrradtyp, der Form der Kotflügel, dem Schnitt der Polizeiuniform oder der Damenschuhe wird ein Russe, der diesen Band durchblättert, die Zeit sofort erkennen – Ende der sechziger, Anfang der siebziger Jahre. Ein Amerikaner hingegen wird all diese äußeren Merkmale mit der Zeit der großen Depression gleichsetzen. Beide haben sie recht, weil die siebziger Jahre in Rußland und die dreißiger in Amerika strukturell weitgehend übereinstimmen, vor allem draußen auf dem Land. Hätte jemand das dem Fotografen und seinen Modellen erzählt, hätten sie sich geschmeichelt gefühlt. Bei den Amerikanern nimmt die Zahl derer ab, die sich noch einigermaßen deutlich an die Jahre der Depression erinnern. Dieser Bildband – von weiten Teilen auch noch des heutigen Rußland ganz zu schweigen – mag denjenigen zustatten kommen, die sich mit jener Zeit befassen und überhaupt mit dem Stoff, aus dem das Leben gemacht ist.

Man hätte sich nicht nur geschmeichelt gefühlt, sondern hätte auch – wäre man sich seinerzeit der erwähnten Übereinstimmung bewußt gewesen – mehr Bilder gemacht. Daß man das nicht getan hat, lag jedoch daran, daß die wirtschaftliche Depression wie die der menschlichen Psyche in Rußland die Norm war, in vieler Hinsicht noch ist und weiter zu sein verspricht. Wenn aus diesem Band trotzdem eine gewisse *joie de vivre* spricht, dann deshalb, weil chronisch Kranke kleine Freuden zu schätzen wissen. Daher die Intensität der Gefühle – ob man nun einen silbrigen Fisch aus dem grauen Fluß gezogen hat, im Hüpfspiel gewinnt, die Mitfahrgelegenheit im offenen Laster gerade noch erwischt oder zusieht, wie ein Bus brennt. Die Russen sind sehr gute Beobachter, sie achten genau aufs Detail. Als Individuen wie als Volk halten sie sich in jedem Augenblick für den Nabel der Welt und nehmen alles, was in ihrer Sicht- und Hörweite geschieht, ungeheuer persönlich. Wie ihre Kinder in die Wintersachen sind sie fest in ihre eigene Befindlichkeit gehüllt oder besser noch: gewickelt; die Uniformität des zentralisierten Staates, die ihr Dasein prägt, trifft sie alle gleichermaßen, und so sind sie für den Fotografen der ideale Gegenstand, und sei es auch nur, weil jeder von ihnen – ob er will oder nicht – sehr typisch ist, qua gesellschaftlicher Definition.

Und genau das macht diese Bilder so ergreifend. In zehn Jahren werden sie nicht mehr zutreffend oder weniger zutreffend sein. Die Garderobe wird sich erweitern, Farbe eine stärkere Rolle spielen. An die Stelle der dunkelgrauen Baumwolljacken, der Militärmäntel, Ölzeugstiefel, der weißen Kopftücher und Stoffmützen werden Polyester, Plastik und Gummi treten, in Farbtönen und Schnitten, wie nur diese Materialien sie hervorbringen; Knöpfe werden Reißverschlüssen weichen. Natürlich werden sich die Hügel der Zentraleuropäischen Erhebung in sanften Wellen ostwärts ziehen und im Abendlicht verdämmern wie eh und je, doch die Augen ihrer Bewohner werden die Farbe wechseln – nicht im Farbspiel der verglühenden Sonnenscheibe, sondern in dem der TV-Mattscheibe.

Nur der Schnee wird weiter seine Pflicht tun, als wäre er von den Meistern der Schwarzweißfotografie bestellt. Doch mit ihrem Hochglanz werden die Polaroidfotos es schaffen, jedermann hinreichend über die Natur der Zeit und das eigene Wesen zu täuschen. Wir haben dies im Westen erlebt; warum sollte der Osten von der allgemeinen Irreführung ausgenommen werden? Farben erzeugen Erwartungen und lassen sich offensichtlich ohne Zutun der Natur herstellen. Warum sollte der Osten das Vorrecht haben, sich vor der endgültigen Enttäuschung drücken zu können – sagen wir, beim Anblick der Asche? Die Kenntnis der Grautöne sollte den Lehrmeistern des Zen vorbehalten bleiben, die von Schwarz und Weiß dem gedruckten Wort.

In dieser Hinsicht ist der vorliegende Bildband in der Tat ein Buch. Mit Kurzgeschichten? Einfach einer Handvoll Briefe? Jedenfalls ein Buch, das die Zeit binnen kurzem schließen wird. Was sie auch tun würde, wenn die Geschichten länger gewesen wären, ja, wenn es ein Roman gewesen wäre. Denn so wie es ist, lesen wir das Buch in seiner Zukunft: wir betrachten diese Gesichter, diese Gebäude, diesen gelebten Glauben, diese Lebensgeschichten und Gebräuche von ihrer Zukunft aus. Und darum ist es eigentlich ganz gut, daß es kurze Geschichten und nur wenige Briefe sind: man wird den Verlust nicht als so groß empfinden. Und unser Fotograf könnte sich sogar etwas darauf einbilden, der Zeit ein leichteres Gewissen verschafft zu haben – vorausgesetzt natürlich, sie hat überhaupt eins. Wahrscheinlich erfahren wir nie, was mit diesen Menschen passiert ist. Ich bin mir ziemlich sicher, daß es so sein wird, denn ich bin einer von ihnen: einmal schwarzweiß, immer schwarzweiß.

Joseph Brodsky
April 1990

Aus dem Amerikanischen von Sylvia List

DIE RUSSEN

Gesichter eines Landes

1. Leningrad, 1967

2. Ryazan region, 1965

3. Tikhvin region, 1964

4. Pskov, 1965

5. Tikhvin region, 1962

6. Peter the Great, Leningrad, 1965

7. "Nymph and Minotaur," Jackobson Ballet, Leningrad, 1972

8. Krasnovodsk, 1966

9. Tikhvin, 1964

10. Shishkebab stand, Krasnovodsk, 1966

11. Pskov, 1965

12. Karelia, 1963

13. Pechora Monastery, Pskov, 1965

14. Siberia, 1969

15. Leningrad, 1967

16. Poet Joseph Brodsky, Leningrad, 1965

17. Leningrad, 1970

18. Ryazan region, 1970

19. Victory Day, May 9, Leningrad, 1969

20. Tikhvin, 1963

21. Leningrad, 1965

При
Лек
По

22. Leningrad, 1969

23. Leningrad, 1967

24. Moldavia, 1967

25. Astrakhan, 1966

26. Leningrad, 1965

27. Artist Natan Altman, Leningrad, 1965

28. Leningrad, 1970

29. Actress Marlene Dietrich, Leningrad, 1964

30. Peasant market, Leningrad, 1964

31. Carpathy, West Ukraine, 1968

32. Issyk-Kul Lake, 1966

33. Slantsy, 1969

34. Tbilisi, 1964

შემნახველი საკანი
КАМЕРА ХРАНЕНИЯ

35. Ukraine, 1965

36. Leningrad, 1968

37. N. Akimov's funeral, Leningrad, September 1968

38. Leningrad, 1967

39. Bus stop, 1965

40. Black River, Karelia, 1965

41. Leningrad, 1970

42. KGB prison, Leningrad, 1968

43. Yuri Kartashov, Leningrad, 1969

44. Leningrad, 1962

45. Poti, 1965

46. Sokolniky Park, Moscow, 1965

47. May Day parade, Leningrad, 1965

ПУТЕВКИ
РАЗЛИВ

48. Moldavia, 1967

49. Moscow, 1966

ОТ М-НА 2

50. Leningrad, 1969

51. Leningrad, 1967

52. Ryazan region, 1965

53. Leningrad, 1971

54. Leningrad region, 1967

55. Pskov, 1965

56. Peasant market, Leningrad, 1964

57. Ryazan region, 1965

58. Guryev, 1966

83-

59. Peasant market, Moscow, 1970

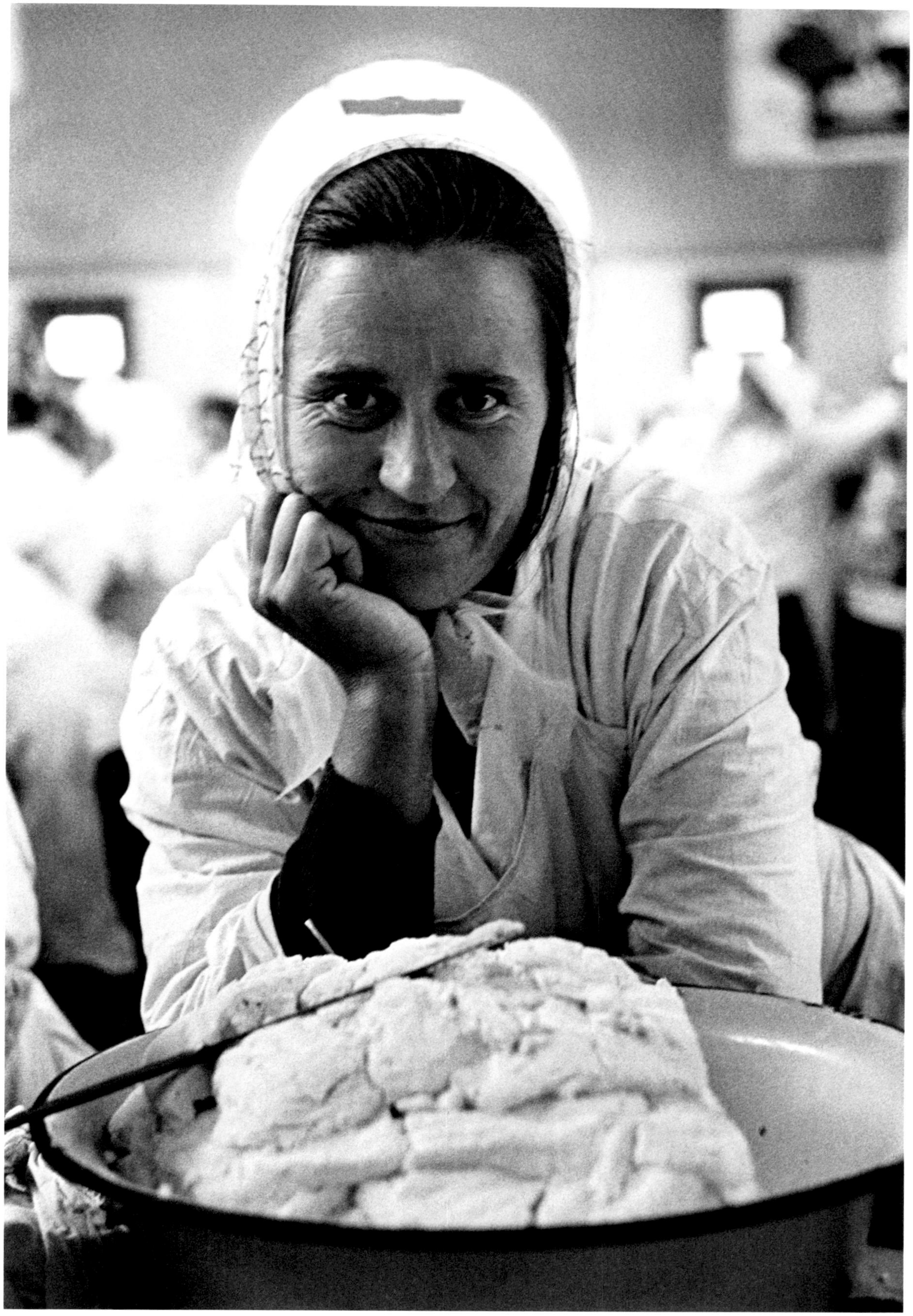

60. Tikhvin region, 1964

61. Lithuania, 1971

62. Tikhvin region, 1962

63. Fontanka River, Leningrad, 1970

64. Poet Anna Akhmatova, Komarovo, 1964

65. Kolomenskoye, Moscow, 1966

66. Black River, Karelia, 1965

67. Writer S. Volf, Leningrad, 1964

68. Ryazan region, 1965

69. Moldavia, 1967

70. Antonina Kozlova, Leningrad, 1964

71. Leningrad, 1968

72. Astrakhan, 1966